32946

COÛTUMES
GENERALES
DU COMTE'
DES[t]·POL,

Et celles dérogeantes à la Coûtume
Générale d'Artois,

NOUVELLE ÉDITION.

A ARRAS,

Chez la Veuve Duchamp, Imprimeur
de Noffeigneurs du Confeil Provincial
d'Artois, ruë des Jéfuites. 1748.

Avec Permiffion.

PHILIPPE, *par la grace de Dieu, Roy de Castille, de Leon, d'Arragon, des deux Sicilles, de Jerusalem, de Portugal, de Navarre, de Grenade, de Tolede, de Valence, de Galice, des Majorques, de Seville, de Sardine, de Cordouë, de Corsicque, de Murcie, de Zante, des Algarves, d'Algezir, de Gybaltar, des Isles de Canarie, & des Indes, tant Orientales, qu'Occidentales, des Isles & Terre Ferme de la Mer Occeane ; Archiduc d'Autriche, Duc de Bourgogne, de Lothier, de Brabant, Lembourg, de Luxembourg, de Gueldres & de Milan, Comte de Hasbourg, de Flandre, d'Artois, de Bourgogne, du Palatin, du Tyrol, & de Haynault, de Hollande, de Zelande, de Namur & de Zutphem : Prince de Swave, Marquis du S. Empire de Rome : Seigneur de Frize, de Salins, de Malines, des Cité, Ville & Pays d'Utrech, d'Overyssel, & de Groningue, & Dominateur en Asie & en Affrique.*

Sçavoir faisons à tous presens & à venir, que comme pour informer un chacun des Coûtumes particulieres de son Quartier, & prevenir les dépens excessifs que l'on est obligé de supporter pour la preuve d'icelles, les Serenissimes Archiducs nos Oncle & Tante, par leur Edit perpetuel du douziéme de Juilles

4

de l'an mil six cent & onze, auroient entre-autres choses ordonné, que toutes les Villes & Chastellenies de nos Pays de pardeça, qui depuis l'an quinze cent quarante auroient négligé d'obtenir decret & émologation de leurs Coûtumes & Usances, auroient à envoyer le Cahier d'icelles au Conseil de leur Province en dedans le temps à ce préfix, ou qu'à faute de ce, seroient par Commissaire dudit Conseil faits les devoirs requis à la preuve & vérification desdites Coûtumes, pour en après Nous être envoyé ou à ceux dudit Conseil Provincial, avec leur avis, afin d'être decretées. Ensuite de ce, ayant nos chers & bien amez les Lieutenans & Hommes de Fiefs de la Comté de Saint Pol, exhibé à nos amez & feaux les Président & Gens de nôtre Conseil Provincial d'Artois, le Cayer des Coûtumes de ladite Comté, pour la vérification & éclaircissement d'icelles, auroient esté faits par Commis dud. Conseil les devoirs requis, lesquels meurement considerez par ceux de nôtredit Conseil d'Artois, iceux auroient envoyé ledit Cayer avec leur avis à nos très-chers & feaux les Gens de nôtre Conseil Privé, lesquels ayans aussi visité & examiné le contenu en icelui, lesdites Coûtumes ont finalement esté arrêtées comme s'ensuit.

COUTUMES GÉNÉRALES
DU COMTÉ DE Sᵗ. POL,

Et celles-dérogeantes à la Coûtume Générale d'Artois.

TITRE PREMIER.

Des Droits des Seigneurs Hauts-Justiciers, Viscomtiers & Fonciers.

ARTICLE PREMIER.

PAR la Coûtume Generale du Comté de S. Pol, l'homme ayant un Fief à Seigneurie Fonciere, à cause d'icelle n'a Bailly, Lieutenant, ni Hommes pour pouvoir avoir connoissance d'aucuns délits commis en icelle Seigneurie, ni pour l'infraction d'icelle, ni pour pouvoir recevoir dessaisine & bailler saisine des heritages de lui tenus, ni generalement pour pouvoir faire aucuns exploits judiciaires, & a seulement les droits Seigneuriaux & reliefs éscheans à cause des heritages ou terres

A iij

tenuës de sondit Fief. Et par ladite Coûtume, auparavant qu'on puisse avoir ladite Seigneurie Fonciere, faut qu'à cause
dudit Fief il y ait deux hommes anciens
tenans heritages ou terres sans en devoir
reconnoissance à icelui Superieur, n'est
qu'il y ait fait spécial par privilege ou
longue joüissance au contraire.

II. Par ladite Coûtume, est dû par
les sujets vendans vin ou autres breuvages à détail en la haute ou moyenne Justice des Sieurs en lieu non franc, droit
d'afforage de vin & autres breuvages, à
l'exclusion du Sieur Foncier ledit droit
tel que de chacune piece deux lots, qui
est pour chacun fond un lot, à la mesure
des lieux où se fait ladite vente.

III. Le Vassal est tenu bailler raport
& denombrement des Fiefs qu'il tient
d'un Seigneur, ensemble declaration &
escrie de Cotterie à chacune mutation de
Seigneur, mais n'est tenu faire nouveau
serment de fidelité.

IV. Par ladite Coûtume, auparavant
qu'un Seigneur puisse proceder par voye
de regalle, ou faire les fruits siens sur
Fiefs ou Cotteries tenus de lui, en faute
d'homme & de relief après les quarante

jours expirez pour Fiefs, & sept nuits
pour Cotteries, ledit Seigneur est tenu
par sa Justice faire saisir lesdits Fiefs &
Cotteries & la faire signifier aux occu-
peurs.

V. Par ladite Coûtume, quand à une
Femme liée de Mary échet aucun Fief,
il est dû au Seigneur Haut-Justicier ou
Viscomtier droit de relief tel que la nature du Fief avec un cambellage. Si est
pareillement dû relief de bail, tel que
relief heritier sans cambellage, si est encore dû relief de bail, tel que dessus,
quand la Femme joüissante de Fiefs ou
Fief s'allie par mariage.

VI. Aux Seigneurs desquels heritages sont tenus en Fief, est dû pour le droit
Seigneurial de la vente, don, échange,
ou transport, le quint denier de la somme
à laquelle monte la vente. Et pour l'heritage Cottier le sixiéme denier, ou de
la prisée qui se fait par les hommes du
Seigneur aux dépens du donataire si c'est
don, ou autre alienation sans assignation
du prix; mais si l'heritage se vendoit pour
certaine somme francs deniers, audit
Seigneur est dû le droit de francs deniers,
que l'on dit venterolles, qui porte le

dixiéme denier pour le Fief, & le douziéme pour Cotterie, à quoy monteroient les droits Seigneuriaux de la somme assise, & s'ils ne se vouloient contenter dudit prix assis, ils le pourroient faire priser à leurs dépens.

VII.   Lesquels droits, par ladite Coûtume, se doivent purger moitié par le vendeur, & l'autre moitié par l'acheteur, vers le Seigneur feodal, n'est que les venditions soient faites francs deniers, ou qu'autrement ait esté convenu entre contractans.

VIII.   Par icelle Coûtume, amendes de nouvelles esteulles & puich à marle non restoupé sont de soixante sols parisis, & se disent nouvelles esteulles jusqu'à trois jours après que les ablais sont mis en coigeaux ou digeaux.

IX.   Bestes ou gens trouvez en dommage, échéent en l'amende de trois sols parisis envers le Seigneur Haut-Justicier ou Viscomtier.

X. Bestes trouvées ès bois du Seigneur Haut-Justicier ou Viscomtier de plus grand âge que de trois ans, échéent en l'amende de trois sols parisis ; mais si elles estoient trouvées à garde faite, échéroient en l'amende de foixante fols parifis, comme elles feroient en ablais, avec reftitution d'intereft.

XI. Et fi telles beftes font prifes pâturantes ès Prez, Bleds, Avoines & tremois croiffans, ceux à qui appartiennent lefd. beftes échéent en l'amende de trois fols parifis, qui appartiennent au Sergent preneur, avec reftitution d'intereft, qui a lieu quand lefdites beftes font trouvées fans garde, & eftans avec garde, font dûs foixante fols parifis, au profit du Seigneur avec intereft de partie.

XII. Quiconque bat autruy de main ou poing garni, ou non garni, fans fang, échet en l'amende de 20. fols parifis.

XIII. Les Sergens & Officiers de Juftice font crûs par leur ferment pour l'amende de fept fols fix deniers & en deffous.

XIV. Par ladite Coûtume, tous Seigneurs & Haut-Jufticiers ou Vifcomtiers ont amende de foixante fols parifis quand aucunes beftes font trouvées en taillys en deffous de trois ans, & peut par prevention le Seigneur fuperieur faire prendre icelles beftes, & les calenger de ladite amende; mais fi celui à qui appartient le-

dit bois, & ayant Juftice, requiert avoir
connoiffance d'icelle amende paravant
qu'elle ait efté gagée & nantie, ou qu'il
y ait eu condamnation, il doit r'avoir en
payant les mifes de Juftice, efquelles a-
mendes les Sergens preneurs ont le tiers.

XV.   Quand aucun fe porte pour appellant d'aucune Juftice, & qu'audit appel il y renonce en dedans fept jours &
fept nuits après ledit appel formé, en ce
cas tel appellant ne doit aucune amende.

XVI.   Quand aucun pour cas crimi-
nel eft executé par Juftice, il confifque
tous fes biens & heritages envers le Seigneur Haut-Jufticier duquel ils font tenus, aux charges réelles & foncieres precedentes fa prife, fur lefquels s'y prennent les dépens & mifes de Juftice, fi la
Sentence le porte, avec payer les dettes
dudit executé dûëment prouvées.

XVII. Par ladite Coûtume, fi aucuns
Seigneurs ayant droit de Banne, foit de
Four ou de Moulin, & que leurs Officiers
trouvent aucuns fujets foûmis à ladite
Banne, toute farine mouluë, pain, ou
autres ouvrages de four, moulu ou cuit
ailleurs qu'à fon Moulin & Four, ils peuvent prendre & mettre en leurs mains ou

de leur Juſtice, leſdites farine, pain & autres choſes, avec le ſac, beſtes ou charettes, en quoi & ſur quoi leſdites farines & vivres ſeront trouvez, & le tout à appliquer au profit dudit Sieur, comme à lui admis par confiſcation, ſans autre amende pecuniaire.

XVIII. Par ladite Coûtume, quand aucun Seigneur a un ou pluſieurs Fiefs, & qu'en iceux il a Haute-Juſtice ou moyenne, en une Ville, Village ou Banlieuë de cedit Comté, & qu'en icelle Ville il y ait Mayeur ou Echevins, tel Seigneur n'a aucun droit ſur les flegards, ni au dehors des tenemens de ſondit Fief; mais appartiennent ſeulement auſdits Mayeur & Echevins, & au Seigneur ſous lequel ils ſont fondez : & par icelle Coûtume nuls Seigneurs Viſcomtiers n'ont aucun droit ſur les flegards à l'encontre de leur Haut-Juſticier. Pareillement le Seigneur Viſcomtier tenant d'un autre Seigneur Viſcomtier, n'a Seigneurie ſur les flegards à l'encontre de celui dont il tient, ne ſoit qu'il appert du contraire, par cas ſpecial pour ce que deſſus.

XIX. Par ladite Coûtume, le Seigneur ſuperieur a droit par prevention

de pouvoir prendre, delinquans pour
amende de foixante fols parifis, ou en
deffous ès meétes de la Seigneurie de fon
Vaffal, combien que fi ledit delinquant
eftoit requis par le Seigneur, où ledit
débat auroit efté fait premier qu'il eût
gagé ladite amende, il lui feroit rendu,
en payant les mifes de Juftice. Et néanmoins que lefdits delinquans ayent payé
ladite amende audit Sieur fuperieur, fi
ledit Sieur où ledit débat auroit efté fait,
ou fes Officiers pouvoit trouver lefdits
delinquans ès meétes de fa Seigneurie, il
les pourroit prendre, & leur faire payer
lefdites amendes.

XX. Par ladite Coûtume, il eft loi-
fible de faire hypoteque & main-affife fur
heritages & terres Cottieres, auffi bien
que fur Fiefs. Mais les Seigneurs fe fai-
fans lefdites hypoteques fur tenemens
Cottiers, peuvent appofer reconnoiffance
raifonnable telle que de vingt fols de la
rente quatre deniers pour le plus. Et fai-
fant lefdites hypoteques fur chofes feo-
dales, lefdits Sieurs peuvent conditionner
que ceux qui feront faire lefdites hypoteques tiendront les rentes, ou rente à
pareil relief, fervice & redevableté que
feroient

feroient foûmis les Fiefs, & en leur payant les droits Seigneuriaux des principaux deniers defdites rentes, à fçavoir pour Fief le quint denier, & pour lefdites Cotteries le fixiéme denier & dépens tels que de raifon. Toutefois n'eft pour ce dû aucune venterolle.

XXI. Item. Seront tenus ceux qui poffederoient lefdites rentes hypotequées fur tenemens Cottiers, les relever d'hoir à autre du double de la reconnoiffance qui feroit appofée, & où il n'y auroit reconnoiffance appofée, ne feroit dû aucun relief, & après lefdites hypoteques ainfi créées par infeodation, ou creation de reconnoiffance & non autrement, fi l'on vend lefdites rentes, font dûs audit Seigneur droits Seigneuriaux tel que du quint denier fur Fiefs, & fixiéme denier fur Cotterie.

XXII. Par ladite Coûtume, le Seigneur & Comte de S. Pol, à caufe de fadite Comté, a toutes confifcations fi avant qu'il n'y ait autre Haut-Jufticier dont les biens font mouvans, fauf de crime de leze-Majefté. Et fi a pareillement toutes amendes arbitraires, avec la connoiffance par fes Bailly, Lieutenant & hommes,

B

de tous cas, crimes, dehéts & maléfices
qui se peuvent commettre ès meéts de
ladite Comté, & d'iceux en faire faire
la punition, correction & justice.

XXIII. Par ladite Coûtume, il loist
au Snechal, Bailly de ladite Comté ou
Lieutenant, bailler toutes commissions
de Justice tant executoires qu'autres sur
lettres obligatoires Royaux, ou passées
pardevant Juges Imperiaux ou autres Juges superieurs.

XXIV. Par ladite Coûtume, quand
aucune personne mene, passe, conduit
ou porte aucune chose tributaire au droit
de Travers par les meéts de ladite Comté
de S. Pol, ou d'autres ayans icelui droit
de Travers en ladite Comté & enclavement d'icelle, sans payer ledit droit de
Travers, il echet vers ledit Seigneur
en amende de soixante sols parisis, n'est
que telle personne soit privilegiée, ou
montre fait special par lequel il soit
exempt dudit droit de Travers.

TITRE II.

De la maniere d'acquerir hypoteque fur heri-
tages & droit réel en iceux, & le leur
nature ; enfemble les droits dû aux Sieurs
& reliefs des Fiefs.

I. **P**AR ladite Coûtume, il est dû pour
droits Seigneuriaux d s feuretés &
hypoteques, qui fe prennent fur les heritages des obligez, le cinquiéme denier
fur Fiefs, & le fixiéme ès Cotteries. Bien
entendu que pour les feuretez, ou m'in-
affife pour fommes pour une fois ne font
dûs aucuns droits Seigneuriaux.

II. Item. Pour l'apprehenfion du
don fait en avancement d'hoirie & fucceffion à un heritier apparent de Fiefs pa-
trimoniaux ou d'acquefts, eft dû aux Seigneurs double relief, & deux cambella-
ges, felon la nature du Fief, s'ils font
apprehendez du vivant du donateur,
autrement fi le donataire attend à l'ap-
prehender jufqu'après le trépas d'icelui
donateur, il ne doit que fimple relief &
cambellage.

III. La Femme fans le gré, autorité
& confentement de fon Mary peut par

B ij

Teftament difpofer des biens-meubles, des dettes & acquefts qui pourroient appartenir à fon heritier après fon trépas fans ladite donation & difpofition teftamentaire de ce toutefois dont elle pourroit tefter.

IV. Par ladite Coûtume, en fuccefſion de Fief & anciens Manoirs écheans en ligne collaterale à l'aîné, foit mafle ou femelle iffus de divers ventres, appartiennent lefdits Fiefs & anciens Manoirs, fans que les puifnez en pareil degré y puiffent demander quint, ni autres chofes, fors ès blancs bois, catheux & autres chofes fortiffans nature de meubles, fuppofé que la femelle aînée euft un frere plus jeune qu'elle ; mais fi c'eftoit tout d'un ventre, à l'aîné mafle appartiennent lefdits Fiefs & anciens Manoirs, encore qu'il y euft femelle plus ancienne.

V. Et d'abondant, advenant qu'entre les coheritiers de divers ventres en même degré encourrent frere & fœur de même ventre, en ce cas le frere quoique puîné de la femelle plus ancienne, néanmoins que les autres coheritiers fuffent mafle & femelle, exclura lefdits autres coheritiers mafles plus anciens que lui,

par le benefice de ſadite ſœur plus ancienne que leſdits autres coheritiers,
laquelle lui ſert de planchette en ce cas,
comme l'on dit ordinairement audit
Comté de S. Pol.

VI. Quiconque donne à ſon heritier
apparent en avancement d'hoirie & de
ſucceſſion, aucuns heritages & retient
ſon viage en iceux, tel heritier en apprehendant ledit don, doit au Seigneur duquel ils ſont tenus droits Seigneuriaux
pour ladite retenuë du viage, à ſçavoir
pour Fief le cinquiéme denier, & pour
Cotterie le ſixiéme à la priſée dudit re-
tenu de viage par les hommes dudit Seigneur au dépens dudit donataire.

VII. Par ladite Coûtume, quand
aucun tient Fief par indivis d'aucuns Seigneurs, & iceux Fiefs ou heritages Cottiers ſont vendus, ou que l'on les veut
relever, il convient que les ventes, deſ-
ſaiſines & ſaiſines, ou reliefs, ſoient faites par devant les Seigneurs ou leur Bailly,
& Officiers de Juſtice, que l'on paye à
chacun deſdits Seigneurs les droits de reliefs ou Seigneuriaux chacun par moitié.

VIII. Par ladite Coûtume, tous
Fiefs en ladite Comté ſe doivent relever

à foixante fols parifis de relief & moitié
cambellage ; & heritages , manoirs ou
terres Cottieres fe doivent relever le double de la cenfive qu'ils doivent , le tout
n'eft que l'on faffe apparoir de fait fpecial
au contraire.

IX. Et s'il y avoit aucuns Fiefs tenus
en Pairie , conviendroit pour chacun dix
livres parifis de relief , & cent fols parifis de cambellage, avec pour le droit d'ai-
de telle fomme que les reliefs portent
fans cambellage; fauf que les francs Vaf-
faux ne doivent payer pour le relief que
foixante fols parifis & moitié cambellage,
combien qu'ils ayent Haute-Juftice comme les Pairs.

X. Par ladite Coûtume , toutes terres labourables tenuës en terrages qui ne
doivent Cens fonfiers, fe doivent relever
par douze deniers parifis de la mefure.

XI. Par ladite Coûtume , toutes per-
fonnes qui ont en leur Fiefs & Seigneuries
Haute-Juftice & Vifcomtiere , ont droit
d'herbage vif & mort fur tous ceux de-
meurans au lieu Cottier non-franc , lefquels droits font tels que lefdits fujets
ayans beftes à laine pernoctans la veille
du Noël fur leurs Maifons & tenemens

Cottiers, doivent quand elles atteindent le nombre de dix, ou en deſſus, une beſte que le Seigneur peut prendre au Troupeau de beſtes deſdits ſujets à ſon choix, après que ledit ſujet en a choiſi une. Et en deſſous de dix, eſt dû pour ledit mort herbage un obol pàriſis pour chacune beſte, & ſe doit payer ledit droit d'herbage, tant vif que mort, la veille du jour de Saint Jean - Baptiſte, ſur & à peine de ſoixante ſols pariſis d'amende envers leſdits Seigneurs. A conditions que ledit Seigneur doit demander, ou faire demander ladite veille de Saint Jean-Baptiſte ledit droit auparavant y pouvoir appliquer amende, & le peut demander ſans amende après icelui jour paſſé.

XII. Il eſt dû aux Seigneurs Hauts-Juſticiers ou Viſcomtiers, droits d'iſſuë & eſtallage des Marchandiſes & autres choſes que l'on vend ou achepte ès meets de leurs Seigneuries, & faute de le payer les achepteurs & eſtalleurs leur doivent amende de ſoixante ſols pariſis.

XIII. Par ladite Coûtume, toutes choſes trouvées eſpaves ès meets d'aucun Haut-Juſticier, ſe peuvent prendre par iceluy haut & moyen Juſticier ou par ſa

Juſtice, & les appliquer à ſon profit, n'eſt
qu'aucune perſonne pourſuive la choſe,
& qu'il verifie icelle lui appartenir ; auquel cas ledit Seigneur eſt tenu le rendre.
Mais ſi aucun autre qu'iceluy Seigneur,
ou ſes Officiers, eût prins leſdites choſes
ainſi trouvées eſpaves, ſans conſentement
dudit Seigneur, ou luy avoir dénoncé
ou à ſa Juſtice, commettroit envers luy
amende de ſoixante ſols pariſis.

XlV. Par ladite Coûtume, nul ne
peut ès bois d'aucuns Juſticiers couper
ni abbatre aucuns cheſnes ou autres ma-
riens, ſoient eſtallons, peres ou tayons,
ni les ébrancher, que ce ne ſoit en com-
mettant amende de ſoixante ſols pariſis
pour chacune fois, & pour chacune piece
qu'ils auroient abbatu ou ébranché. Et
ſi aucun abbat autres bois, il commet
amende de ſept ſols ſix deniers pariſis, &
reſtitution des intereſts en tous cas.

XV. Par ladite Coûtume, quand aucunes perſonnes font pourſuite d'un contre l'autre, & ſi avant eſt procedé eſdites
cauſes qu'ils ſoient ordonné en faits con-
traires & eſcrire, celui qui déchiet doit
amende de vingt ſols pariſis, à cauſe des
faux propoſés audit Procès. Et ſi leſdites

caufes n'a du cofté du deffendeur que fimple dénégation, il n'eft dû pour ladite amende que dix fols parifis, que l'on appelle demi faux propofé, & lefquelles amendes font duës lorfqu'il y a fentence ou condamnation.

XVI. Par ladite Coûtume, tous Seigneurs ayans Juftice & Seigneurie, qui ont hommes de Fiefs qui tiennent d'eux chargez de fervir, ou faire fervir les plaids dudit Seigneurs, iceux hommes doivent faire les jugemens, appointemens & fentences des caufes & matieres criminelles & civiles pendans & eftans en la Juftice dudit Seigneur à leurs defpens, en telle maniere que fi ainfi advenoit que lefd. hommes euffent mal jugé & appointé, commettent & échéent envers lefdits Seigneurs, dont ils tiennent leurs Fiefs, amende de foixante fols parifis.

TITRE III.

Des Retraites d'heritages.

PAR ladite Coûtume, en retraite lignagere, le plus prochain du vendeur du lez & cofté dont luy procedoient les heritages vendus, peut retraire iceux

heritages, pour les remettre en la cotte
& ligne dont ils font procedez en dedans
un an enfuivant le jour de la faifine bail-
lée ou decret, & tenuë de droit accordé
à l'acheteur, ores qu'il y euft un autre
parent qui euft retrait lefdits heritages.
Et en ladite matiere de retraite, on fe
regle felon que fe feroit fi ledit heritage
écheoit aux parens ayans puiffance faire
ladite retraite.

TITRE IV.

Des Biens - meubles ; à qui ils doivent
appartenir en fucceffion, & quelle chofe
eft réputée meuble.

I. Outes rentes par lettres viageres
ou heritieres à rachat non hypotequées, font réputées meubles & partables entre le furvivant & les heritiers
du premier mourant ; mais telles rentes
hypotequées fur aucuns heritages ou
Fiefs, font réputées immeubles & fortiffent en toute nature & condition que
feroient les heritages ou Fiefs fur lefquels
elles feroient hypotequées : & y auroit
la veuve doüaire comme fur le fond, &
ce au regard du Proprietaire defdites

rentes, à tel effet que lesdites rentes hypotequées sur Fief appartiennent pour les
quatre parts à l'aisné heritier, & le quint
aux puisnez. Comme aussi celles hypotequées sur anciens manoirs cottiers appartiennent audit aisné. Mais au regard de
ceux qui doivent lesdites rentes, icelles
ne tiennent nature & condition d'immeubles; ains de meubles, & se doivent ac-
quitter par les coheritiers mobiliaires
égallement, comme étant dettes de la
maison mortuaire, & pourquoi l'heritier
immobiliaire étant poursuivi auroit son
recouvrier contre l'heritier mobiliaire.

II. Bleds verds & autres adventures,
après le my-May sont reputez catheux,&
sortissent nature de meubles entous cas, à
effet que le survivant ayant la moitié des
meubles doit avoir la moitié desd. bleds
verds & autres adventures, comme sont
prests à Censiers à l'entrée de leurs censses,
soit qu'ils ayent esté ou soient prisez &
estimez ou non, pourveu qu'ils se doivent rendre au jour de Saint Jean-Bap-
tiste. Mais s'ils se devoient rendre au my-
Mars, ou que le Proprietaire tient en ses
mains lesdites terres advesties, & qu'il
terminât vie paravant le my-May, en ce

cas lefdites adveflies feroient réputées
heritages.

III. Catheux, comme blancs bois,
granges & marefchauffées en matiere de
fucceffion, fortiffent nature de meubles,
à tel effet que le furvivant de deux con-
joints apprehendant moitié des meubles
du defcedant, en a la moitié d'iceux
comme meubles, fuppofé qu'ils foient
fur les heritages du premier mourant, &
auffi les heritiers dudit premier mourant
ont la moitié defdits catheux qui feroient
fur les heritages du furvivans, comme
fortiffans en tout nature de meuble.

IV. En matiere de fucceffion entre
cohéritiers, on eft tenu de faire rapport
de ce qu'on auroit eu par avancement de
mariage, d'hoirie ou autrement de celui
dont procede la fucceffion pour chofe
mobiliaire. Mais s'ils ne vouloient partir
qu'à la fucceffion immobiliaire, ils ne
feroient tenus de rapporter fors heritages, qui auroient efté donnez en avancement de fucceffion.

V. Par ladite Coûtume, quand aucun
va de vie à trefpas, joüiffant d'un ou plufieurs anciens manoirs cottiers, amafez
ou non, delaiffant plufieurs enfans, à
l'aifné

l'aifné mafle, & en defaut de mafle à l'aifnée femelle , appartiennent tous lefdits
manoirs , fans que les puifnez y puiffent
aucune chofe demander , fi n'eft ès granges, maréchauffées & bois croiffans reputez catheux, qui appartiennent autant
à l'un comme à l'autre , que l'heritier
principal peut ravoir pour la prifée qui
s'en feroit par gens en ce connoiffans ,
la prifée defquelles maréchauffées fe doit
faire comme bois eftans en un mont ,
fans faire prifée de l'ouvrage, & ce pour
le regard des bois , & non des autres
materiaux.

VI. Tous manoirs, prés & jardins
amafez & non amafez, font reputez anciens manoirs, quand ils ont efté à tel
ufage l'efpace de quarante ans continuels
& enfuivant l'un l'autre.

VII. Quand aucun va de vie à trefpas & ne delaiffe que frere & fœur, à
l'aifné mafle, & en faute de mafle à l'aifnée
femelle, fi avant qu'ils foient de même
ventre , appartiennent les fiefs & anciens
manoirs que le defcendant delaifferoit
fans charge de quint ny autre portion,
fors ès catheux qui font partables. Bien
entendu que l'aifné peut retirer lefdits

C

catheux, en payant la prifée des bois
comme s'ils eſtoient en un mont , ſans
comprendre l'ouvrage.

VIII. Par ladite Coûtume, quand
deux perſonnes ſont conjointes par mariage, & conſtant icelui mariage ils ſont
aucuns acqueſts d'heritages feodaux &
anciens manoirs cottiers, & le mari va de
vie à treſpas paravant ſa femme, leſd. heritages feodaux & anciens manoirs cottiers
ſuccedent aux heritiers du côté du mari,
ſans que ladite femme y puiſſe demander
quelque droit de doüaire tel que ci-après
ſera déclaré ; & ſi ladite femme termine
vie paravant ſon mari les heritiers d'elle
n'y ont auſſi aucun droit, ainçois demeu-
re le tout au mari, pour lui & ſes hoirs
tenans de ſa cotte & ligne, ne ſoit que par
convention , fût en traitant de leur mariage, ou en faiſant ladite acquiſition, ou
prenant ſaiſine, y ait dérogé. Bien entendu toutesfois que les catheux, blancs bois
& maréchauſſées étans ſur leſdits anciens
manoirs ſe repartiſſent entre le ſurvivant
& l'heritier du premier decedé.

TITRE V.

Du Doüaire des Veuves.

I. LA femme après le trespas de son
mari, soit qu'elle soit seconde ou
troisiéme femme ou plus, & que des ma-
riages precedens y ait enfans ou non, a
droit de doüaire sur tous les heritages
feodaux ou cottiers & d'acquests appar-
tenans à son mari, & dont il estoit joüis-
sant à leur mariage, ou qui lui seroient
écheus constant icelui, supposé qu'il n'en
soit mort saisi & sur ceux qu'il auroit ac-
quis constans ledit mariage, & en mort
saisit ledit doüaire ès Fiefs tel que la moitié des fruits & profits d'iceux, pour en
joüir sa vie durant, & le tiers des cotteries, pour en joüir tant qu'elle se tiendra
à marier tant seulement.

II. Laquelle veuve par l'apprehen-
sion dudit doüaire & joüissance d'iceluy
n'est submise de payer aucune chose des
hypoteques qui seroient faites depuis son
mariage, supposé qu'elle apprehendît les
meubles; mais quant aux hypoteques
precedentes le mariage, icelle veuve en se-
roit tenuë déduire portion dudit doüaire.

C ij

III. Par ladite Coûtume, il loift à un chacun fi bon lui femble bailler fon heritage à lui venu de fucceffion à rente & furcens annuel & heritable à telle perfonne que bon lui femble, fans qu'il foit tenu à ce appeller ny évoquer fon heritier apparent, ne y garder nulle des trois voyes requife en alienation d'heritage, pourveu que ledit baillement foit fait pour jufte prix, fans bailler deniers, ou y appofer rachat, auquel cas conviendroit y garder l'une des trois voyes, & payer droits au Seigneur, lequel baillement le Seigneur, dont l'heritage feroit tenu, ne pourroit empefcher moyennant que l'on y appofât reconnoiffance raifonnable à fon profit, telle que de vingt fols, quatre deniers pour le plus, comme il eft dit pareillement ci-deffus pour les hypoteques.

IV. Par ladite Coûtume, ceux qui auroient fait lefdits baillemens ou leurs heritiers ne peuvent vendre lefdites rentes, furcens, fans en ce garder & obferver l'une des trois voyes, à fçavoir, confentement d'heritier, neceffité jurée & approuvée par des témoins, ou remploy, & de payer aux Seigneurs, dont les heritages feroient tenus, les droits Seigneuriaux, tels que pour ce leur seroient dûs, selon la nature de ce, sur quoi ladite rente se prendroit.

V. Par ladite Coûtume, ceux qui posfederoient proprietairement ladite rente, sont tenus la relever de relief ordinaire dû pour raison du fond & propriété, & les surcenffieres du double de la reconnoiffance appofée audit baillement.

VI. Par ladite Coûtume, quand aucune perfonne baille à rente & furcens annuel & heritable aucuns heritages feodaux ou cottiers venans de la fucceffion de fes predeffeurs, moyennant que ledit bail foit fait pour prix raifonnable fans fraude, ni en bailler aucuns deniers par le preneur, ou qu'il ne foit appofé qu'on puiffe racheter & rembourfer lad. rente de furcens, en ce cas il n'y échet retraite; mais s'il en eftoit baillé, ou que ledit rachat y fût appofé, il écheroit retraite par les parens du bailleur.

Pour ce eſt-il que leſdits points & articles, & chaçun d'iceux, avons par l'avis de nos très-chers & feaux les gens de notredit Conſeil Privé, pour nous, nos hoirs & ſucceſſeurs, gréé, loüé, confirmé & approuvé, grééons,

C iij

loüons, confirmons & approuvons par cesdites presentes, comme Loix, Coûtumes & Usages par écrit en ladite Comté de S. Pol, vou-
lans & ordonnans qu'à l'avenir on les tienne
& repute, & nous-mêmes les tenons & re-
putons pour tels, sans qu'il soit besoin aux
parties les prouver & verifier par témoins ès
causes, procès, matieres & poursuites à
mouvoir & intenter en ladite Comté, ains
seulement les alleguer & produire esdites matieres par extrait, sous la signature du Gref-
fier de ladite Comté, auquel extrait voulons
foy être ajoûtée, & avons interdit & deffen-
du, interdisons & deffendons par ces presentes, à tous nosdits Sujets, Manans & autres,
que cy-après auront causes ou procès pardevant ceux de lad. Comté de S. Pol, ou autres
Juges, d'alleguer, & iceux de S. Pol & autres Juges d'admettre & recevoir pour l'avenir autres Coûtumes & Usages que ceux cy-
dessus écrits, en abolissant toutes & quel-
conques les Coûtumes & Usages qui ne sont
cy-dessus écrits & couchez. Si nous avons
reservé à nous & à nos successeurs de pouvoir
changer, corriger, amender & reformer, li-
miter & interpreter lesd. Coûtumes & Usages
toutes & quantesfois qu'il se trouvera par
nous en notredit Conseil être expedient &

neceſſaire de faire. Et entendons que leſd. Coutumes & Uſages cy-deſſus déclarés auront ſeulement lieu au regard des cas qui adviendroient après la publication d'iceux. SI DONNONS EN MANDEMENT auſdits de nos Privé & grand Conſeil, Gouverneur, Preſident & Gens de notre Conſeil Provincial d'Artois, Lieutenans & hommes de Fiefs de ladite Comté de S. Pol, & à tous autres nos Juſticiers, Officiers & Sujets qui ce regardera, que cette notre preſente confirmation, aggreation & approbation des Coûtumes & Uſages ſelon & par la maniere qu'ils ſont cy-deſſus conclus & remis, ils obſervent & entretiennent, & faſſent obſerver & entretenir en lad. Comté; & afin que perſonne n'en puiſſe prétendre cauſe d'ignorance, les faſſent publier & notifier par un jour & heure de Plaids, & en préſence des Praticiens de ladite Comté & autres qui s'y voudront trouver. Et pour ce qu'il eſt vray ſemblable que de ceſdites préſentes l'on pourra avoir de beſoin en pluſieurs & divers lieux, voulons qu'au Vidimus d'icelles, ſous ſcel autentique, ou la copie collationnée & ſignée par l'un de nos Secretaires, Greffiers ou autres Perſonnes publiques, pleine & entiere foy ſoit ajoûtée : Car ainſi nous plaiſt-il. Et afin que ce ſoit choſe

2

*ferme & stable à toûjours , nous avons fait
mettre notre scel à cesdites présentes. Don-
nées en notre Ville de Bruxelles le vingt-
deuxiéme jour du mois de May l'an de grace
mil six cent trente-un , & de nos Regnes
l'onziéme. Signé , par le Roy en son Conseil,*
P RATS.

Ce jourd'huy seiziéme de Janvier
seize cent trente-deux, jour & heure des
plaids ordinaires de cette Senéchaussée ,
ces Coûtumes ont esté publiées pardevant Messieurs les Lieutenant, Procureurs
Generaux, Officiers, Hommes deservans
Fiefs , & ès présences de plusieurs Procureurs & Praticiens postulant en ladite
Senéchaussée, comme aussi du peuple
estant venu ausdits plaids pour leurs
procès & affaires. Témoins soussignez ,
F. Morant. W. le Febvre. F. Morant.
Segard. P. Douzinel. A. de Locre. Du
Flos. De Lattre. J. Habourdin. Brebion.
J. Crampon. P. Baudrelot. Le Gry.

LES VILLAGES, CENSES ET HAMEAVX
du Comté de S. Pol.

A Gnes-Grandcamp.
Ambricourt.
Ambrines en S. Pol.
Amettes.
Auvin.
Aubin-en-Beaurains.
Argœulles.
Aubercosrt.
Auchy-aux-bois.
Averdoin. Aumermont.
Aumerval. Aziacourt.
Baillelet.
Baillœul-à-Cornailles.
Baillœul-lez-Pernes.
Baillœul S. Martin.
Barlin. Baudricourt.
Beaulencourt.
Beaumont en Comté.
Beauprès. Beauquesnes.
Beauraincastel.
Beaurainville.
Beaurevoir. Beauriez.
Beauval Beauvois.
Belval. Bellevales.
Berch sur la Mer.
Berquincheuse.
Berles-Monchiet en par-
tie.
Berlettes en partie.

Bermicourt.
Bernemicourt.
Bifcaiel lez-Aubercourt.
Blainfel en la Cuiniere
B'angermont.
Blangerval Boiaval.
Bos-Warin. Bommy.
Bourech fur Canche.
Bours. Breas.
Buis-lez-Pernes.
Buneville
Camblin-Chaftelain.
Compagne.
Canettemont. Canlers.
Canteleu.
Carnoie-lez-Flefchinel.
Caveron-lez-Aubercourt
Cauchel.
Cauchie à le tour.
Caumaifnil. Cercamp.
Cericourt. Chafteau.
Chelers. Chiriacourt.
Conteville.
Courchelles en Comté.
Coufture, cenfe.
Coupelle vieille.
Couvvin en partie.
Crecquy. Crefpy.
Crefpiœul. Creffonniere.

Croc. Croix. Croiffette. Guignecourt.

Daboval cenfe.

Gouy en Ternois

Dauftreville. Déslaviers. Gouy lez-S. Andrieu.

Defmoineaux, cenfe prés Halloy-lez-Orville.

   Auvin.

Hameaux. Haultecloque

Dofvvarignies. Doftrel. Herbeval.   Henu.

Eps.   Erigmes.

Hericourt-lez-Croifettes

Erignies-lez-S. Adrieu. Hernicourt. Herlin le fec

Erim. Bigny.

Herlin le verd. Heuchin.

Bilencourt.

Hefecques.

Erquiers-lez Berquinç-Humbercamp en S. Pol.

   heufe.

Hucqueliers.

Efclimeu le grand.

Humerœulles. Houvin.

Efcoivies-lez Flers.-

Heuvignœul. Hetiprés.

Efnecourt.

Hurtebiere-lez-Pas.

Efpinchain lez-S. Pol.

Hurtebize, cenfe-lez-

Efquenencourt.

   Febvin.   Incourt.

Eftrée fur Cauche.

Ivregny-lez-Lucheux.

Famechon.

Lambres fur Cauche.

Farbus, fiefs.   Floury. Lampafture.   Liberfart.

Fontaine-lez-Heuchin. Ligny Wandelicampagne

Fevin.   Flouringhem. Ligny S. Flochel.

Fouflin.   Framecourt. Lisbourg.

Fremicourt en Comté. Lorifle, cenfe.   Lugy.

Freffin.   Frevent. Magnicourt en Comté.

Froideval.   Fruges. Magnicourt fur Canche.

Gauchin le Gal. Maifnil-lez-Ligny.

Gauchin-lez-S. Pol. Maifnil-lez-Tilly.

Genefte, cenfe-lez-S. Maifon-Celles lez-Azin-

   Michel en S. Pol.   court. Marefquel.

Gœudirmpré

Mareiz. Maizerolles en

Grandcam,. Grandcourt partie. Mazieres en li-

Grenas.. Groffieres.   tige avec ceux d'Arras.

Grofillers. Guernonval. Marquais. Merlimont.

Monchy le Cayeux, y a Rolencourt. Rougemont
  ferlouat.   Rullecourt en l'eau.

Monchy le Breton.   Rullecourt en S. Pol.

Mons. Moncheaux.   Ruisseauville.

Mons. lez Rolencourt.   S. Amand lez-Souastre.

Mont d'Arleux.   S. Martin lez-S Pol.

Mortaigne-lez-Rebrœu-S. Marringhie.

  ves.   Mote aux bois. S. Michel lez S. Pol.

Noyelles-lez Bours.   S. Remy - aux - bois.

Noyelles-lez-Hesdin.   S. Vecit-lez-Royon en

Noyelles sur Canche.   pattie.

Nœuville à la planquette S. Aubin -lez- Haultéclo-

Nœuville au Cornet.   que.

Nœuville en Comté   S. Aubin-lez-Ruë.

Nœuville-lez Ligny.   Sains-lez-Crecquy.

Nœuville-lez-S Pol.   Sains-lez-S. Pol.

Nuncq.   Ocoche. Sains-lez Pernes.

Oeufs en Ternois.   Sachin.   Sars en S. Pol.

Oppi en S. Pol.   Sarton.   Senlis.

Orlencourt. Otreville. Seigni.   Sibiville.

Ostrel. Ostreville.   Souich. Sus-Saint-Leger.

Pas en Artois.   Tangri.   Tassencourt.

Penin.   Petit Auvin. Teneur.   Ternas.

Pernes.   Pierremont. Th euloye. Tilly-capelle.

Planques-lez Frefflin. Tievres.   Torchy.

Planquettes. Pommeras.Tramecourt. Trefures.

Pressy-lez-Sachin.   Troisvaulx.

Prœudefain.   Pronnay. Vacquerie la grande.

Quevaufart.   Valherisseur.

Ramecourt. Radinghem. Valheureux. Valhuon.

Raucourt-aux-bois.   Vaux lez-Rolencourt.

Rebrœuves sur Canche. Veren.   Veitou.

Rebievietres. Ricamez. Verain.   Verloing.

Ricquebourg. Royon. Vimy en Gohelle.

Vieze-Coupelle.

Vvandeli-campagne.

Vv.chin. Vverchin.
Vvallen.

Vvantilme, cenfe-lez-
S. Michel en S. Pol.

Vrailly-lez-Vieze-Cou-
pelle.

Vvavrans lez-conteville

Vvarlincourt en S. Pol.

Vvandofmes.

Vvignacourt.

F I N.

www.ingramcontent.com/pod-product-compliance
Lightning Source LLC
Chambersburg PA
CBHW060504210326
41520CB00015B/4089